La Morale

et la Politique

PAR

G. DE TOLEDO PIZA

L'Esprit doit toujours être le Ministre du Cœur. — L'Education de l'espèce, comme celle de l'individu nous prépare graduellement à vivre pour autrui.

Vous avez été appelés à la liberté : non pas une liberté qui vous induise au déréglement, mais une liberté qui vous lie les uns aux autres par l'amour.

LA MORALE ET LA POLITIQUE

LA MORALE & LA POLITIQUE

PAR

G. DE TOLEDO PIZA

L'Esprit doit toujours être le Ministre du Cœur. — L'Education de l'espèce, comme celle de l'individu nous prépare graduellement à vivre pour autrui.

Vous avez été appelés à la liberté : non pas une liberté qui vous induise au dérèglement, mais une liberté qui vous lie les uns aux autres par l'amour.

AVERTISSEMENT

Le discours que nous publions ici, après une
courte introduction, a été prononcé à Paris, il
y a plus de neuf ans, le 31 octobre 1907, à l'issue
de la deuxième Conférence de la Paix à La
Haye.

Le spectacle qui nous est imposé depuis le mois
de juillet 1914 nous a conduit à reprendre la médi-
tation des idées que nous avions essayé de formu-
ler à cette occasion inoubliable.

Surpris par la catastrophe, nous avons dû chercher à assurer au moins notre équilibre individuel.
Comme le pilote dans un tourbillon, nous avons
manœuvré le stabilisateur spirituel qu'est pour nous
la sagesse positive.

Nous avons cherché dans ce discours les faibles
échos de cette sagesse. Ce nous fut, pour fixer la
grande leçon, un moyen si commode, que nous
nous sommes trouvé encouragé à publier cet
opuscule précédé de considérations qui en précisent
la portée. Nous le faisons dans l'espoir que des

lecteurs y pourront trouver, comme nous, l'occasion d'une utile revision de leurs valeurs. L'inventaire où les conduira cette suggestion les rassurera lorsqu'ils reconnaîtront que le drame négatif, diabolique qui bouleverse notre monde, loin de démentir la leçon du positivisme, en constitue la contre-épreuve et laisse, par suite, l'espérance d'un retour à l'œuvre de sociabilité à laquelle notre devoir — qui est notre consolation — est de travailler.

Nous reconnaissons avec une affectueuse gratitude le précieux concours que nous avons trouvé, une fois de plus, en R. Teixeira Mendès, dont les leçons « Pour l'Humanité », publiées à Rio de Janeiro depuis 1914, nous ont singulièrement facilité le résumé historique que nous proposons à nos lecteurs en manière d'introduction.

INTRODUCTION

La tragédie qui, depuis plus de trente mois, ensanglante le monde, est l'unique préoccupation de tous. L'observation des faits, leur interprétation, leur explication constituent déjà une littérature abondante en documents et en généralisations.

Pour ceux qui, évitant le dilettantisme, adhérent à une doctrine systématique, la détermination de l'esprit est singulièrement facilitée.

De tous les systèmes régulateurs, le positivisme est, à nos yeux, le seul qui permette de comprendre la catastrophe et qui fournisse à l'humanité le remède spécifique.

Nous avions eu déjà l'occasion de tenter un exposé de la procédure du bien social, suivant les enseignements d'Auguste Comte, lors de la conclusion de la deuxième Conférence de La Haye : occasion sans précédent d'énoncer la règle salutaire en donnant un exemple de mise en pratique universelle. Nous avons voulu reprendre ici, sans y rien changer, ce résumé d'une leçon qui, plus que jamais, nous apparaît comme décisive : seule, en effet, elle donne la solution de l'intrigue internationale qui entraîne le monde dans la plus atroce regression.

Pour la mieux comprendre, cherchons d'abord, à l'aide de la « synthèse historique » du maître, l'explication de la crise que nous subissons.

Le ́ .intien par les classes dirigeantes d'institutions *anachroniques* entretenant les mœurs guerrières en est la cause essentielle.

L'évolution conduit à la prédominance de l'amour universel dont la forme sociale pratique est l'altruisme. Un même mouvement entraîne les groupes humains à se confondre ; la constitution et l'essor de chaque noyau social sont constants : on trouve partout institués, dans le même ordre, la propriété, la famille, l'État, le sacerdoce ; seule, une différence de vitesse dans la progression des groupes produit entre eux la diversité, raison du conflit.

Prenons l'humanité à son premier état d'équilibre historique, le fétichisme — caractéristique de la plus haute animalité — se manifestant organiquement dans la théocratie des populations militaires du sud de l'Europe : il est incontesté que la rupture de cet équilibre a pour raison directe l'intervention de l'individu, agent social, inaugurant l'ère métaphysique. Le mythe de Prométhée est la représentation symbolique de ce conflit dont les manifestations, empruntant, en Grèce, les moyens intellectuels, intéressèrent plus directement, à Rome, le domaine de la volonté.

La civilisation gréco-romaine épuise le polythéisme et l'activité militaire.

Au moment où l'établissement de l'empire d'Auguste marque la cristallisation de l'esprit de conquête, les hommes, ne pouvant trouver dans l'ordre romain l'équilibre de l'esprit et du cœur, éprouvent tous les troubles de l'état de désir. Bientôt se précise leur aspiration vers quelque impératif susceptible de systématiser les intuitions altruistes et de conduire à l'activité pacifique.

Cette tendance est générale ; elle aboutit au monothéisme occidental : le Christ, réalisé par saint Paul, institue la suprématie de l'amour, sépare le spirituel du temporel, concilie provisoirement la théologie et la science. Dans la pratique, s'organisent la libération du prolétariat jusqu'alors esclave, l'émancipation domestique de la femme et la suppression de la polygamie.

L'empire romain comprend à ce moment deux groupes principaux que distinguent l'un de l'autre leurs dispositions sociales : les peuples du Sud et de l'Orient se montrent incapables de s'adapter à un régime politique basé sur la séparation des pouvoirs spirituel et temporel; la suprématie de l'esprit sur la sociabilité explique cette inaptitude.

Les peuples du Nord et de l'Occident, chez lesquels au contraire prédomine l'activité sociale, sont conduits, par le monothéisme paulien, au régime industriel pacifique, c'est-à-dire à la formation de petites patries temporellement indépendantes, mais de mœurs et de foi communes, sous la direction spirituelle d'un sacerdoce enseignant et mettant en pratique un dogme librement accepté, entretenant une foi unanime et supérieure à l'ordre humain qu'elle a créé.

Ainsi, par le monothéisme de saint Paul, l'organisation, dans l'empire romain d'Occident, de l'activité industrielle pacifique, substituée à l'activité militaire conquérante, est imminente. Seule la menace des « barbares » la retarde, ralentissant l'évolution. Mais l'activité militaire, dont le danger impose le maintien, change de forme : de conquérante elle devient défensive.

Sous ce régime s'écoulent les trois premiers siècles, employés à l'établissement du catholicisme et à la systématisation pacifique, par les moyens romains, des résultats de la civilisation militaire antérieure.

Constantin et Théodose sont les figures représentatives de ce moment.

*
* *

Du ive au viie siècle s'élaborent les nationalités occidentales : c'est la liquidation de l'Empire par les peuples qu'il a rassemblés et qui ont eux-mêmes assimilé les barbares réduits par la culture supérieure des vaincus.

En même temps, se confirme la dissociation des deux Églises chrétiennes d'Orient et d'Occident, tandis que Mahomet fonde un monothéisme théocratique qui répond aux exigences sociales du monde oriental, comme le monothéisme de saint Paul répondait aux besoins de la société occidentale. L'islamisme confond les pouvoirs spirituel et temporel et adapte un régime basé sur ce principe à l'activité guerrière du peuple arabe.

*
* *

Pendant les viiie et ixe siècles, les musulmans, d'une part, les polythéistes germains, d'autre part, menacent la chrétienté.

Charlemagne, qui arrête les Arabes et incorpore les Germains, institue, sous la forme catholique et féodale, un nouveau régime d'équilibre : la République d'Occident, dont la constitution sociale est entièrement originale.

Voici les principaux caractères de l'ordre nouveau : à l'incorporation par la force est substituée l'alliance fraternelle de nations indépendantes ; le prolétariat industriel passe définitivement de l'esclavage à la corporation ; le fort se voue à la protection du faible dont il mérite ainsi la vénération ; la femme, respectée, organise la famille, cellule sociale ; la foi est unanime et volontaire. La sociabilité domine l'esprit et la volonté ; les sentiments domestique et civique s'épanchent, dégagés du ferment égoïstique et du préjugé guerrier. Le mérite règle la valeur.

L'institution du domaine temporel de la papauté, qui assure l'indépendance du sacerdoce, le célibat ecclésiastique, qui met obstacle à l'hérédité sacerdotale, la croisade, qui prévient l'agression musulmane et assure la cohésion de la race, liée désormais par une vocation mystique, enfin la communauté de la foi, qui donne au remords toute la force d'une sanction, telles sont les garanties du régime catholique-féodal qui se développe jusqu'à l'apothéose du xiiie siècle, illuminant un avenir de fraternité féconde.

Pourquoi les hommes ont-ils pu manquer à la destinée entrevue dans un tel rayonnement ?

Car l'humanité de saint Paul, de Charlemagne, d'Hildebrand, de Godefroy, de saint Bernard, des pieux adorateurs de la Vierge Mère, cette humanité retombe, s'abîme...

Comprenons les motifs de cette chute :

Dans son évolution vers l'activité industrielle pacifique, la République occidentale se trouve amenée à l'utilisation progressive de la Science. La méthode scientifique, exclusive de la méthode théologique, se substitue à celle-ci **avant** que la morale scientifique puisse remplacer la morale théologique.

L'esprit scientifique dénonce le caractère chimérique du surnaturel, du divin : dogme et morale. La foi mystique s'épuise et la foi scientifique est insuffisante à la remplacer. Le sacerdoce se relâche. Les institutions médiévales se disloquent tandis que le nouveau régime s'élabore chaotiquement.

Dans la pratique, l'Eglise perd son caractère d'universalité ; des Églises nationales se subordonnent aux chefs temporels ; le pontife romain est réduit au rang d'un prince italien et les grandes nationalités, rassemblant, absorbant les petits Etats indépendants, rappellent les formes sociales du régime militaire romain.

*
* *

Au xvie siècle, l'individu, agent métaphysique dissolvant, élaboré pendant la première Renaissance et la révolution *protestante*, intervient avec une activité décisive : il dénonce la discipline dogmatique au nom du « libre examen », de la « raison autonome » ; il s'insurge contre la tyrannie d'une loi caduque. Singulière tragédie : l'homme de *raison* en révolte contre une hiérarchie dans laquelle s'est stérilisée la *loi d'amour ; l'esprit* juvénile, fort de sa jeunesse, contre le *cœur*, épuisé par un service de quinze siècles.

La Vierge Mère, l'Eucharistie, la Confession sont destituées, malgré les Jésuites, essentiellement inaptes à galvaniser le sentiment, au nom duquel ils mettent en œuvre tous les procédés de l'égoïsme, qu'ils cultivent dans les collèges. L'institution du mariage est altérée par le rétablissement du divorce. Cependant, la Papauté destituée, en raison de sa propre faiblesse, de ses fonctions de surarbitre entre les nations, cède le rôle à la diplomatie occidentale.

La Réforme divise la République d'Occident : division politique et sociale, nationale et familiale ; division essentielle entre l'ordre et le progrès, l'individu et la collectivité.

La théologie perd sa vertu ; la science est encore insuffisante. L'heure de la métaphysique est venue. Elle institue aussitôt le débat entre la royauté et la démocratie.

La Révolution anglaise est, depuis la Réforme, le premier grand phénomène social qui permette l'observation d'ensemble de l'effervescence de l'Occident. Le déisme du XVIIIe siècle, qui combine le scepticisme théologique et la métaphysique démocratique, suit le drame britannique, l'un et l'autre préparant la domination de l'esprit scientifique.

Mais la décomposition du régime théologico-militaire est plus rapide que la constitution de l'équilibre scientifique positif : le sacerdoce, la royauté, la noblesse ont perdu leur prestige, ils se sont abîmés dans le despotisme, qui systématise l'exploitation de la faiblesse par la force, et, cependant, la méthode nouvelle s'élabore à peine par l'action de la science naissante.

L'ébranlement de l'ordre ancien s'accentue, le Pape supprime les jésuites, champions de l'indépendance sacerdotale ; les colonies anglaises d'Amérique s'arrachent de l'empire. Enfin, éclate la grande crise dite Révolution française.

Le monde quasi pensant tâtonne entre mille aspirations confuses. Il se partage en trois écoles principales : la direction encyclopédique, à tendance organique et positive, promue par Diderot, formulée par Condorcet, réalisée par Danton ; la direction philosophique, sceptique, à la suite de Voltaire ; la direction politique de Rousseau : cette dernière anarchique, égalitaire, théorique, négative, mais prépondérante parce que seule utilisant une apparence de doctrine, formulée dans le *Contrat social*.

Dans ce désordre, les éléments organiques essentiels sont stérilisés par les ferments égoïstiques, et ce chaos qui eût pu précéder une régénération, suscite l'égoïsme essentiel incarné dans le dictateur militaire. Un individu surgit qui ne conçoit d'autre solution de la crise que l'institution d'une nouvelle dynastie et qui la réalise par la guerre et le concours des théologiens du passé, assistés des philosophes, issus du sacerdoce, et des légistes, issus des juges féodaux. Le monde occidental subit un régime de régression : la dynastie pour organe régulateur, le militarisme pour régime social, l'empirisme pour méthode intellectuelle. L'université, l'esclavage, le divorce, sont les consé-quences pratiques de la loi.

Cependant, la méthode scientifique positive, écartée des préséances officielles, s'organise patiemment : Condorcet ébauche la théorie scientifique de l'histoire ; de Maistre dissipe l'illusion de la métaphysique démocratique ; Bichat, Broussais, Cabanis, Lamark et Gall, instituent la biologie. L'idée se précise que, pour sortir du régime théologique, il ne faut pas bâtir sur le verbalisme métaphysique ; le problème s'énonce : substituer au surnaturel l'universel pour concilier l'humain et le divin.

Dans l'ordre traditionnel restauré, purgé de l'es-

prit de réaction et débarrassé de l'hystérie politique, cette conciliation eût pu être réalisée.

Une formule intégrale définitive en est donnée à
l'heure opportune : c'est l'affirmation positive
d'Auguste Comte.

Auguste Comte, sensible aux plus subtiles influences du temps, s'oriente à la suggestion de sa
mère, par la république et l'athéisme, vers un
idéal de régénération sociale par la science.

Le bilan des entreprises théologiques, des poly-
théismes étroits aux monothéismes en concurrence
pour la conquête de l'univers, l'a conduit rapidement à la synthèse objective dans la foi pleinement
positive.

Par la découverte, dès sa jeunesse, des lois natu-
relles et son commentaire scientifique de l'histoire, il attire l'intérêt de tous les partis : Carnot,
Villèle, Lamennais, les meilleures représentations
de dictatures opposées : républicaine, légitimiste,
catholique.

Le jeu de la raison, servie par l'expérience, suffit
à lui faciliter la construction de la sociologie et de
la philosophie positives. Mais l'intervention de
l'agent féminin essentiel, forme active de la pureté
et de la tendresse, lui vaut la révélation de l'altruisme et emporte l'adhésion à la *suprématie du
sentiment.*

2

On sait le nom de Clotilde de Vaux; mais on n'a, en général, qu'une imparfaite notion de son rôle dans l'évolution d'Auguste Comte : elle lui donne comme la vision directe de la moralité sociale; elle lui apporte l'enseignement immédiat et irrésistible du cœur, le cœur qui, « sous l'aspect pratique, « trouve moins d'embarras à faire dignement « accepter sa suprématie par le caractère; qui, « plus sage que l'esprit, dirige aisément sa prin-« cipale activité vers le développement de l'empire « intérieur, en plaçant la liberté dans l'amour. »

Le temps est caractérisé par l'effort de régénération catholique utilisant l'amour par l'identification croissante du culte de la Mère au culte du Rédempteur. Mais les catholiques ont mis au service d'une excellente ambition une tactique malheureuse; celle de l'éducation dans les collèges. Le pensionnat ne pouvant suppléer le foyer domestique, l'anarchie persiste, entretenue par l'incurie familiale. Les couvents n'élaborent que la parodie de la synthèse féminine : mère, sœur et fille confondues.

Le culte suprême de la Femme, préparé par Rome, réalisé, dans la splendeur du xiiie siècle, par l'Assomption de la Vierge Mère sous la garde des chevaliers de la Charité, anéanti par les iconoclastes de la demi-science pendant la longue crise métaphysique, le culte de prédilection des saint Augustin, saint Bernard, saint Louis Roi, la vénération que pratiquaient, avec Dante, les grands poètes d'Occident, ne pouvait être restitué dans l'ombre des cloîtres où le mysticisme stérilise l'esprit.

L'antagonisme reste la loi apparente et la lutte semble l'inéluctable procédure de l'humanité; les groupes en concurrence poursuivent leur développement exclusiviste...

C'est alors que, devant l'esprit de synthèse incarné, s'élève, comme une apparition permanente, une fille de France mélangeant le sang aristocratique au sang plébéien, la tradition et l'espérance et portant en elle le miracle de l'amour.

Elle inspire au maître la volonté de *conciliation positive*, par quoi se doivent résoudre tous les conflits humains.

On connaît les sept maximes dans la transcription desquelles Auguste Comte a voulu condenser l'esprit et le cœur de Clotilde :

« Il est indigne des grands cœurs de répandre « le trouble qu'ils ressentent. »

« Quels plaisirs peuvent l'emporter sur ceux du « dévouement ? »

« J'ai compris, mieux que personne, la faiblesse « de notre nature quand elle n'est pas dirigée « vers un but élevé qui soit inaccessible aux pas- « sions ».

« *Il faut à notre espèce, plus qu'aux autres, des*
« *devoirs pour faire des sentiments.* »

« *Il n'y a, dans la vie, d'irrévocable que la mort.* »

« *Nous avons tous encore un pied en l'air sur le*
« *seuil de la vérité.* »

« *Les méchants ont souvent plus besoin de pitié*
« *que les bons.* »

Cet *heptalogue* dirige le Maître jusqu'à la conclusion la plus pratique, savoir : *la conciliation par la charité*, mais une charité indépendante de tout dogmatisme, de tout intérêt confessionnel, de toute ambition de classe, la charité pure et simple, ni théologique, ni laïque, intégrale, directe, se suffisant à elle-même comme principe, méthode et fin, assistée par une foi démontrable au service de l'activité pacifique.

Il constate d'ailleurs, contre toute apparence, qu'il a, en réalité, pour collaboratrice, dans cette tâche, la masse humaine, qui, dans son ensemble, poursuit, obscurément mais avec constance, le service de l'amour social. Cette vision de la coopération universelle constitue le rétablissement capital de l'esprit individuel.

L'élaboration continue de la poésie, de la science, de l'industrie, par le ministère des vertus tend effectivement au perfectionnement de la vie planétaire, et les conflits les plus persistants sont illusoires entre les ouvriers fétichico-théocratiques, polythéistes, monothéistes, déistes, métaphysiciens et sceptiques, dont l'égoïsme, moteur utilisable sous certaines conditions, ne peut provoquer, par ses excès, que des perturbations accidentelles. L'épuration de ce penchant, et, par suite, le moyen de l'utiliser, c'est par l'institution de la hiérarchie des agents de l'œuvre commune qu'il faut l'atteindre. L'examen positif de la réalité fournit l'antidote de l'égoïsme : à savoir, la réfutation, par les faits, de l'*homo homini lupus.*

Il y a sans doute quelque audace à l'affirmer aujourd'hui : tout conjure à obscurcir la vision de la solidarité universelle ; tout notre présent paraît confirmer l'antagonisme humain que nous osons encore, avec Auguste Comte, tenir pour accidentel. Un ouragan compromet-il les lois physiques ? Pour une mauvaise récolte contestera-t-on la fécondité de la terre ? Si l'on affirme, même dans la tempête, les généralisations de la pesanteur ; si, devant les bourgeons brûlés par une gelée printanière, on fait confiance à la nature, pourquoi ne cautionnerait-on pas la perfectibilité de l'homme, même s'il est en guerre ? La guerre ne fournit-elle pas d'ailleurs un argument favorable ? Ne révèle-t-elle pas, dans les limites d'une nation, la collaboration des morts eux-mêmes à l'œuvre de salut public ? L'humanité est subordonnée aux mêmes lois que les collectivités accidentelles des nations. Il ne lui manque qu'une hiérarchie intégrale. Le positivisme en cherche l'établissement par la domination de l'amour. Sentiment humain -- qui le conteste? -- pourquoi ne le cultiverait-on pas intensivement, alors qu'il est seul susceptible de résoudre les divergences individuelles, domestiques, civiques, mondiales?

Cette doctrine, pour première démonstration, pour première application, n'affecte aucun désaveu des doctrines antérieures; elle les admet, à leur place, formules bonnes pour un temps, lois d'une époque, vérités relatives et successives. Elle les absorbe, les transforme, les utilise. Le catholicisme notamment, avant-dernière synthèse conciliatrice, est tenu par les positivistes pour la doctrine historiquement la plus favorable. « Nous ne différons « des catholiques, dit Auguste Comte, qu'en ce « que notre unité se rapporte à l'humanité tandis « que la leur se rattache à Dieu. » La différence essentielle d'une formule à l'autre est la substitution du naturel au surnaturel, de la réalité au mythe, du démotique au hiératique. Transposition des mobiles, mais permanence du programme social : cycle parallèle des vertus humaines; organisation monogamique de la famille; distinction des pouvoirs spirituel et temporel, etc... L'élément surnaturel, indispensable, peut-être, au moyen âge, à la diffusion du programme social du catholicisme, considéré par les positivistes sous un aspect de relativité, tenu par eux pour inutile aujourd'hui, n'en est pas moins l'objet de leur respect. Ils vénèrent le mythe pour son efficacité passée ; ils en admirent la poétique transposition et se rappellent, avec une sorte de reconnaissance rétrospective, les émotions que lui ont dues leurs ancêtres.

Poursuivant, par une fraternelle persuasion, la pratique généralisée des vertus essentielles, déjà discernées par les guides spirituels des âges révolus, systématisées par le catholicisme social du moyen âge qui les compliqua seulement d'un symbolisme aujourd'hui superflu, les positivistes, sachant bien que la valeur des individus ne se confond pas nécessairement avec la valeur de leur confession, invitent chacun à se joindre à eux en une alliance spontanée et à rétablir, sans innovation, à l'aide de la doctrine usitée, l'exercice des vertus fondamentales. Tel est le mécanisme de l'esprit de fraternité dont l'action pacifique, développée par la sympathie, doit renouveler dans le monde moderne le miracle de l'unanimité.

Le « légitimisme » de la Restauration se prêtait à la réalisation de ce programme apportant la détermination de l'avenir d'après l'explication positive du passé. Mieux qu'aucun autre pouvoir, la légitimité régénérée aurait pu assurer la reconstitution qui devait suivre nécessairement l'effort de dissociation des organismes caducs réalisé par la révolution. Elle eût reconstruit, sur la table rase préparée par l'explosion française de 1789, en utilisant le passé, si elle eût obéi aux inspirations d'une doctrine régénératrice capable de neutraliser le ferment anarchique que le mouvement révolutionnaire, quelles que fussent ses justifications propres, n'était pas de nature à stériliser.

En vérité, la dictature légitimiste succomba rapidement sous les intrigues des parasites survivants de la révolution : la révolution était accomplie, consommée ; il ne pouvait subsister, s'alimentant encore de son inspiration épuisée, que des jongleurs négatifs ; il était dans la haute logique des choses qu'un travail de construction suivît la liquidation d'une entreprise finie.

Il était également inévitable que des constructeurs fussent amenés à utiliser du passé les éléments qui avaient résisté à la sanglante critique révolutionnaire. Mais, pour un juste choix et un emploi fructueux de ces éléments, il aurait fallu aux chefs l'inspiration d'une doctrine régulatrice supérieure au temps. Les maladresses rétrogrades, que facilita l'insuffisance des directions spirituelles, furent exploitées par les aventuriers de l'anarchie et ceux-ci triomphèrent dans un milieu encore effervescent, une foule plus sensible aux promesses que confiante en des certitudes morales.

C'est la phase négative du journalisme et du parlementarisme.

La bourgeoisie, promue après les journées de juillet, met en œuvre les influences matérielles ; l'action de l'argent, s'exerçant sans contrainte dans un millieu instable, aboutit rapidement à l'opposition anarchique du nombre contre la richesse. Le progrès et l'ordre paraissent antinomiques.

Conscients, malgré tout, de la nécessité de les concilier, les gouvernements bourgeois réhabilitent le titre de « conservateur » au profit de chefs issus du parti révolutionnaire. C'est d'ailleurs le processus de toute évolution politique dont la constatation irrite si fort les observateurs superficiels : le révolutionnaire tend au pouvoir ; quand il substitue sa direction à celle du régime qu'il a détruit, il réagit, restaure, conserve. Avec plus ou moins de conscience et d'autorité, il applique une loi inéluctable de l'évolution des peuples qui dénonce l'impossibilité de dissocier radicalement le passé et l'avenir, de rénover sans maintenir.

Les instincts de progrès ne sont susceptibles d'utilisation sociale que canalisés suivant une discipline dont l'institution est, en définitive, le but essentiel d'un régime du gouvernement.

Le journalisme et le parlementarisme n'étaient pas, par essence, impuissants à se développer dans le sens du progrès par l'ordre ; ils pouvaient au contraire fournir à la société les organes et le milieu favorables aux aspirations régénératrices, provoquant la libre concurrence, la collaboration des doctrines en associant les représentants de chacune d'elles à la tâche quotidienne dans des conditions propices au développement de la sympathie, source de la fraternité.

Malheureusement, une discipline puisant sa force dans l'adhésion collective à une certitude positive comprise et surtout intimement éprouvée, une telle discipline faisait défaut. Elle était préparée, formulée par le génie constructeur d'Auguste Comte : elle associait le passé et l'avenir ; elle substituait l'organisation fructueuse et hautement humaine de la synergie à la chimérique loi de l'opposition, au rêve tenace de la lutte pour la vie, à l'aberration militariste...

Mais l'esprit révolutionnaire, entretenu par les aventuriers de la rhétorique métaphysique, exploitant le progrès matériel à la gloire de la raison individuelle et au profit des appétits bourgeois menacés par l'incorporation sociale du prolétariat, l'esprit révolutionnaire ne sut que compenser les lacunes par des destructions.

La crise de sentimentalité féminine engendre sur la famille les utopies les plus subversives et dissolvantes sous le vocable de l'amour ; la propriété est mise en question ; à l'hésitation des déistes devant les conclusions négatives du xviii° siècle correspond l'incertitude des catholiques sur leur hiérarchie bousculée par l'essort populaire. Dans ce trouble, le sursaut de 1848 ne peut profiter qu'à l'égoïsme, puisque aucune haute contrainte collective ne s'oppose encore à son action. L'égoïsme, utilisant une légende récente, s'incarne en effet dans le second Bonaparte. Celui-ci ne tarde pas à révéler l'insuffisance d'un caractère que l'éducation avait pourtant préparé à la pratique des vertus sociales. Il substitue l'Empire à la République; et, loin d'organiser dans la paix par l'industrie et la science un monde en renouvellement, il le laisse reculer dans l'empirisme militariste au service des théologies ou des métaphysiques déchues dans un académisme stérile.

Pendant cette période, Auguste Comte parachève l'institution de la nouvelle doctrine.

Il analyse le passé pour préparer l'avenir : il définit les phases de l'évolution des peuples, il discerne notamment dans le passé deux âges principaux, l'un essentiellement commun à tous les peuples : l'âge fétichique et théocratique, l'autre propre à tous les Occidentaux : transition entre la théocratie et la sociocratie. Il montre comment tous les progrès accomplis en Occident offrent un caractère révolutionnaire croissant, marqué surtout par le régime électif et la solution de toute continuité.

Les populations fétichiques-théocratiques sont

figées dans la douceur de leur moralité relative. L'état des mœurs chez elles est constant.

L'Occident au contraire souffre pour réaliser un faible progrès moral. Laborieusement, douloureusement, il poursuit l'œuvre de civilisation qui consiste dans la suprématie de la morale sur la politique, dans l'institution de l'altruisme sur l'égoïsme.

Car tout le problème de la conduite des hommes se ramène là. La solution de ce problème s'élabore en Europe depuis trente siècles. Athènes a fourni à cette fin l'intelligence scientifique, Rome l'activité sociale, la Cité catholique du moyen âge, la loi morale.

Seul le positivisme a pu enfin rassembler, combiner, systématiser ces trois éléments du progrès dans l'ordre et de l'harmonie entre les peuples, et c'est la gloire de la France d'avoir suscité cette formule infaillible de salut mondial.

Poursuivant une expérience toujours contrariée, le maitre, dans ses enseignements immortels, fixe définitivement la notion de solidarité du passé et de l'avenir. Il donne le détail des méthodes régénératrices.

Il entreprend enfin une propagande universelle. Il insiste sur la nécessité de la dislocation des grandes nationalités, créations du régime militaire conquérant, et de leur remplacement par de petites patries libres, à l'exemple des organismes défensifs

du moyen âge, élargis sous l'influence de la science
et de l'industrie pacifiques.

Son apostolat échoue. L'Occident échappe à l'influence salutaire. L'esprit guerrier maintient son
anachronique domination sur un peuple en dé-
bandade, grâce à l'octroi prématuré du droit de
vote.

*
* *

Cet état de fait permet de comprendre le drame
fratricide qui, depuis 1870 jusqu'à la catastrophe de
1914, épuise l'Europe.

Il faut en chercher la cause profonde dans l'antinomie de l'évolution scientifique industrielle
pacifique et de la survivance des nationalités mili-
taristes et c'est bien le défaut d'une systématisation
générale de la sympathie organique, s'expliquant
par l'épuisement de la foi du moyen âge avant l'institution d'une « religion » synchronique, qui
explique une telle antinomie.

La calamité de ce temps est ainsi l'expiation de
l'anarchie spirituelle dans laquelle s'agitent les
peuples modernes depuis la fin du xiii⁰ siècle. Ce
débat tragique des grandes nationalités est bien
à la lettre désespéré ; désespéré parce que d'une
absurdité presque comprise, d'une stérilité devi-

née, d'un caractère désavoué : chaque belligérant rejetant la responsabilité du conflit sur l'autre, déplorant ses résultats sanglants, utilisant pour les qualifier les termes du droit criminel, chaque belligérant répudie l'instinct guerrier. C'est un « crime » conçu, poursuivi et excusé par les uns avec une conscience de coupable, subi par les autres avec une conscience de victime. Où trouver dans tout cela un instinct guerrier qui se maintienne ?

N'est-ce pas un militarisme honteux qui se justifie par des « raisons » — alors que toute sa logique réside dans le fer et sa démonstration dans le sang ? N'est-ce pas une activité condamnée s'épuisant, se liquidant, celle de la violence qui ergote et ratiocine ?

Et ne faudrait-il pas imposer aux belligérants la vérité qu'ils pressentent, qu'ils connaissent, dont ils redoutent et espèrent la formule ?

N'est-ce pas aux neutres qu'incombe ce haut devoir de s'engager à fond dans la médiation, se risquant volontairement dans la zone dangereuse, entre le marteau et l'enclume ?

La neutralité passive est, à la vérité, la plus sacrilège des complicités; elle abaisse les nations qui s'y complaisent au-dessous des plus hypocrites agresseurs. Elle associe ceux qui la pratiquent aux belligérants : ils se confondent tous dans une conscience obscure et négative : celle de la stérilité d'une action criminelle pour laquelle ils rabâchent l'excuse de fatalité : fatalité de race, fatalité économique, géographique : sophismes, songes creux, exploités par une minorité de bandits. Depuis onze siècles, depuis Charlemagne, l'Europe a terminé l'œuvre de confusion ethnique ; l'antinomie des races, est, comme on l'a dit, un préjugé, un truisme désuet qui ne répond à rien. La concurrence économique trouve sa conclusion logique dans la division concertée du travail entre régions, entre peuples, dans l'association, la coopération... Dans l'ordre des rapports sociaux ce n'est pas l'opposition mais la solidarité qui est la loi, ce n'est pas la division mais la collaboration qui est la méthode et toutes les suggestions du nationalisme guerrier sont des mirages. Leur persistance, leur pouvoir de fascination tiennent à la faiblesse morale des chefs et à l'instabilité de la hiérarchie.

Les neutres, qui ont la liberté de méditer et le temps de comprendre, ne reconnaissent-ils donc pas l'unique voie du devoir social : l'entremise en vue d'un arbitrage qui délivre les belligérants de l'égoïsme des gouvernements, d'un arbitrage sans autre condition que le respect de l'indépendance absolue des nations et de la solidarité des peuples. L'intervention pacifique, pacifiante, des neutres précipiterait l'épuisement des passions guerrières qui ne survivraient pas à une lutte aboutissant à la victoire de la morale. L'orgueil national a voulu, comme l'orgueil humain, avoir son histoire ; il se dissiperait à l'évidence de sa stérilité.

Le développement du sentiment de fraternité et de la notion correspondante parmi les peuples civilisés a permis, voici dix-huit ans, la conception pratique de la coexistence pacifique de nations libres quoique inégales, de leur collaboration, de leur acceptation d'un impératif moral commun, dont le Tribunal de la Haye semblait devoir être l'organe. Le manifeste du Tzar et les deux conférences de 1899 et 1907 constituent le premier grand effort universel des temps modernes en faveur de l'ordre par la suprématie de la morale. L'unanimité catholique du XIIIᵉ siècle semblait pouvoir être restituée, mais sans support théologique, sans autre médiateur que l'altruisme, charité laïcisée, pure et simple.

C'est dans l'enthousiasme que justifiait ce grand acte des nations civilisées, que l'un des plus modestes admirateurs de l'œuvre de La Haye tenta de préciser le mécanisme de l'application de la loi morale à la politique et de fixer les conséquences de cette méthode régénératrice.

Le rappel de ce moment de confiance nous semble essentiel à l'heure où l'inquiétude de l'esprit et du cœur est au paroxysme. Nous le proposons, avec l'affirmation de notre persévérante espérance et les justifications positives de notre foi dans la charité, afin de contribuer à protéger, pour les survivants, la perspective d'un devenir qui n'est pas un mirage : un devenir nécessaire de progrès dans l'ordre par la domination de l'amour.

L'esprit doit toujours être le ministre du cœur.

(A. Comte.)

L'éducation de l'espèce comme celle de l'individu nous prépare graduellement à vivre pour autrui.

(A. Comte.)

Frères, vous avez été appelés à la liberté : non pas une liberté qui vous induise à la tentation de la chair; mais une liberté qui vous lie les uns aux autres par l'amour.

(St Paul.)

LA MORALE ET LA POLITIQUE

DISCOURS PRONONCÉ LE 31 OCTOBRE 1907

A L'HOTEL CONTINENTAL

PAR LE DOCTEUR G. DE TOLEDO PIZA

MINISTRE DU BRÉSIL A PARIS

Monsieur l'Ambassadeur,

Mesdames,

Messieurs,

Nos distingués compatriotes ici présents ont bien voulu me charger de l'agréable tâche, que j'ai acceptée avec plaisir, de venir saluer M. Ruy Barbosa, en précisant le rôle remarquable qu'il a joué et l'éclat qu'il a donné au nom de notre pays à la Conférence internationale de La Haye.

Notre digne Ambassadeur y a honoré la haute culture juridique brésilienne et notre invincible amour pour les principes du Droit et de la Justice.

A la réunion internationale qui vient de se

clore, il a considérablement ennobli et rehaussé le nom de notre Patrie.

Ma situation officielle ne me permettrait pas l'analyse des actes de la Conférence, quand bien même je les connaîtrais à fond.

Ma réserve, en outre, est justifiée par mon systématique respect d'une sage loi impérative de logique scientifique.

Tenté en vain par les intelligences supérieures de Bacon et de Descartes, la codification des lois de la *Philosophie Première* n'a été faite qu'en plein xix° siècle, grâce à l'abondance des matières scientifiques et à la puissance cérébrale sans rivale du fondateur de la philosophie et de la religion positives. Et une des lois scientifiques et démontrées de ce code fondamental de la raison humaine, qui s'appelle la *Philosophie Première*, enseigne que sont prohibées les constructions subjectives sans matériaux objectifs, c'est-à-dire qu'il est impossible de former des jugements certains et sûrs sans l'aide de documents réels. Et jusqu'à présent, je ne possède pas de données suffisantes sur les travaux d'ensemble de la Conférence de la Paix. Ce que nous savons à son sujet, toutefois, Monsieur l'Ambassadeur, c'est que vous avez cherché, ce à quoi vous avez réussi, à honorer et à glorifier notre Patrie à cette Conférence, et cela suffit à émouvoir profondément et à réunir, dans une délicieuse synthèse affective, les cœurs de nos compatriotes, dans lesquels l'éloignement de la terre natale a rendu plus fervent le sentiment du patriotisme.

Il semble aux personnes qui ne sont pas initiées aux secrets de la Conférence de La Haye que vous y avez eu une mission double et délicate : combattre les produits de conceptions erronées et soutenir le droit, la justice et la morale.

Vous avez eu à combattre, Monsieur l'Ambassadeur, des combinaisons, filles de préjugés internationaux, tirant leur origine, peut-être et principalement, de l'orgueil matériel et intellectuel, terrible maladie humaine, difficile à extirper, mal profond qui a asservi tout le continent européen et s'est propagé dans les pays neufs de notre Amérique, livrés sans défense à l'action dissolvante d'une critique absolue qui pouvait tout détruire et ne pouvait rien reconstruire.

Dans notre grand et beau pays, destiné, en vertu de la fatalité historique, à exercer, dans un avenir peu éloigné, des fonctions capitales dans la vie pacifique de l'humanité, cette maladie s'est propagée d'une manière grave, presque effrayante, engendrant, chez beaucoup de jeunes gens actifs et laborieux, un délire intellectuel systématique, un froid scepticisme, une véritable carie de l'esprit, résultante d'une métaphysique déréglée et perturbatrice, exaltée et impudente dans ses ambitions, grossière et répugnante dans ses manifestations objectives.

L'orgueil intellectuel, détruisant la vénération et atrophiant la sympathie, a engendré un grave état cérébral que de profonds observateurs qualifient d'imbécilité d'esprit, confirmant ainsi l'enseignement de mon illustre maître et ami Ernest Lavisse, remarquable professeur d'histoire et directeur actuel de l'École Normale Supérieure de Paris, lorsqu'il affirme que « les hommes d'esprit sont souvent des imbéciles ».

En ayant recours, dans l'étude des sociétés, à la méthode analogique, laquelle a son application depuis la science biologique, nous pouvons dire, nous pouvons affirmer avec assurance, comme étant le résultat d'une longue et scrupuleuse observation, que cette maladie terrible, qui a dévasté l'Europe, a décru sensiblement et tend de jour en jour à décroître par l'effet de la lente, mais réelle pénétration de la morale dans le domaine de la politique.

En effet, avec le temps, nous avons réalisé des progrès considérables et continus dans les mœurs sociales et politiques.

Pour le prouver, il suffit de rappeler les transformations relativement gigantesques qui se sont opérées dans la morale européenne, entre les Congrès de Rastadt et de La Haye, dans le court espace de temps d'un peu plus d'un siècle. Les poignards qui blessèrent les diplomates de 1799 sont maintenant réduits, Monsieur l'Ambassadeur, à d'inoffensifs aiguillons journalistiques, maniés par l'ignorance infatuée et par l'insolence normale chez les entités subalternes et particulière aux individus sans culture, manquant des dons sociaux les plus élémentaires et des plus simples principes fondamentaux de l'éducation morale.

Grand et incontestable a été le progrès réalisé dans les mœurs et dans les habitudes de la société européenne, qui est la nôtre, au cours des derniers siècles, pendant lesquels nous avons conquis une large et noble tolérance.

A proximité de la salle des chevaliers, dans laquelle étaient reçus avec tant d'affabilité les délégués de presque tous les pays du monde civilisé, il y a encore des traces du martyre d'hommes illustres de l'histoire politique des Pays-Bas. Là eurent lieu des scènes tragiques et douloureuses de l'histoire de la Hollande, lesquelles ont encore une répercussion dans la conscience délicate et sensible de la postérité.

Il est donc certain que même la noble patrie d'Hugo Grotius n'a pas été, dans le passé, ce qu'elle est actuellement.

Il y a de cela plus de deux siècles et demi, elle fut dure et injuste envers le fondateur du Droit international.

La grande figure de Grotius, de précoce et belle intelligence, de noble et élevée moralité, de caractère ferme et énergique, l'illustre fondateur du droit des gens, vécut de longues années et mourut expulsé, banni, proscrit de la patrie hollandaise, en plein xviie siècle, par les foudres de l'intoléance, toujours sauvage.

Voyez, pourtant, la Hollande d'aujourd'hui, si affable envers la diplomatie, honorant les disciples du Grand Maître qui a tant illustré, illustre encore et illustrera toujours sa Patrie.

Que de progrès réalisés dans les mœurs !

Que de tolérance conquise pour l'expression des plus hautes émotions et pour la manifestation de toutes les idées et de toutes les pensées utiles au bien de l'humanité.

Nous avons déjà beaucoup gagné, mes illustres compatriotes, dans l'application de la morale à la politique, mais il nous reste encore à parcourir un long cycle pour améliorer, comme nous le devons, l'âpre rudesse relative de notre vie sociale et politique.

Quelles sont les causes de cette dureté ?

L'une d'elles est certainement le fait que nous vivons aujourd'hui avec une constante préoccupation matérielle et dans une exaltation intellectuelle presque exclusive, et ce sans la compensation nécessaire d'une morale systématique, ni le contre-poids essentiel du culte des facultés affectives et sympathiques.

C'est là un état véritablement anormal, douloureux et affligeant, révélateur de déséquilibre cérébral, ayant une immense et pernicieuse répercussion sur toute la vie sociale.

Notre instruction incomplète et insuffisante, bien que variée et érudite, est incapable de voir chez l'homme tous les facteurs essentiels de l'équilibre personnel et de l'harmonie sociale.

Bien que la nature humaine comporte trois grandes modalités, indestructibles et inséparables, savoir : le sentiment qui stimule, l'intelligence qui conçoit et l'activité qui exécute, chacune exigeant sa culture relative et proportionnelle, les hommes les plus notables et les plus grands hommes d'État de la politique occidentale ne perçoivent que deux de ces modalités : l'intelligence et la force musculaire, oubliant complètement la morale, dont la suprématie est essentielle, indispensable et nécessaire au premier chef pour l'ordre privé, domestique et social.

Grave et obscur problème, Monsieur l'Ambassadeur, que nous avons à résoudre dans notre pays, en cultivant les trois grands aspects — moral, spéculatif et actif — qui caractérisent l'organisme humain, si nous voulons améliorer notre vie et exercer sur le monde une bienfaisante influence à l'avenir.

Et la morale ne peut, en aucun cas, rester au

second plan, et beaucoup moins être oubliée.

Elle sera toujours la première, sous peine de ruine complète des constructions faites, des édifices érigés et des conceptions élaborées sans son assistance, sans son concours, sans sa collaboration primatiale et sans sa suprématie constante et effective.

C'est la morale qui donne la vie et le relief à tout, qui grandit, ennoblit et donne de la dignité à toutes les conceptions et à tous les actes, depuis le cercle modeste de la vie intime et domestique, jusqu'à la plus haute et la plus vertigineuse sphère de la vie sociale et politique.

*
* *

Nulle formule ne pourra jamais renfermer avec une plus grande clarté cette vérité que celle du fondateur de la religion humaine et altruiste, lorsqu'il proclame que « la sympathie et la synthèse concourent à former et à régler la synergie », et lorsqu'il enseigne que l'homme doit penser pour agir et agir par affection.

*
* *

Figure notable d'un congrès qui était un microcosme, une véritable réduction du monde social contemporain, vous avez remarqué dès le début, Monsieur l'Ambassadeur, avec votre sagacité habituelle, la modestie, la politesse, l'urbanité, l'humilité et autres vertus sociales des représentants des plus vastes et des plus puissants pays de l'Extrême-Orient.

De l'un d'eux, du représentant du Japon, puissant et triomphateur, vous avez entendu des paroles de modération, de modestie et de grandeur morale, par lesquelles il a affirmé que l'amour de sa patrie pour l'humanité a été prouvé par trois siècles de paix ininterrompue : grand hommage à l'ordre humain de la part d'un pays qui place la félicité éternelle et sereine de la paix bien au-dessus de la gloire troublée et passagère de la guerre.

Bel et noble exemple de virilité nationale, dominée et dirigée par une morale supérieure, produit d'une évolution millénaire, grâce et charme du continent asiatique.

Qui ne s'émeut, qui ne sera toujours ému, plein de respect, en présence du spectacle moral donné par les empereurs de la Chine lorsque, humblement, ils appellent sur eux la responsabilité des erreurs administratives et même des maux causés au pays par des fatalités physiques inéluctables !

Comparons, Messieurs, ce grand et noble exemple d'humilité à notre arrogant orgueil de fonctionnaires occidentaux, nous qui ne tolérons, sans une violente réaction matérielle ou verbale, la plus insignifiante observation, respectable quand elle est juste, et digne d'inspirer seulement la pitié et la compassion lorsqu'elle provient et tire son origine de tares morbides, purement pathologiques.

Partout, Messieurs, on reconnaît et on proclame la douceur asiatique, le charme qui séduit et rend si agréable, attrayante et sympathique, l'invariable correction sociale des hommes d'Orient.

Quel est le secret de cette haute culture sociale et morale, source de tant de supériorité pour les individus comme pour les peuples qui la possèdent?

Une grande partie de la population asiatique de l'Extrême-Orient conserve, depuis des milliers d'années, des croyances fétichico-astrolatriques caractérisées par l'esprit concret, lequel développe à l'extrême la fixité du sentiment et de l'intelligence, rend l'acuité de l'observation plus minutieuse et engendre une admirable sagacité et une rare précision.

Cet état mental, presque initial, qui est toujours synthétique, correspondant à la première période de l'intellectualité humaine, comme on le voit par la loi des trois états, s'approche dans ses résultats de l'état social positif, l'ultime de la série, tant il est vrai que les extrêmes se touchent.

Dans les sociétés fétichico-astrolatriques, la constitution de la famille, de la propriété et la sécurité individuelle sont admirables.

Les manières sont affables, humbles, douces, patientes et affectueuses; la morale, constituée sur des bases solides, exerce une action constante sur toutes les manifestations de l'activité sociale.

En résumé, le fétichisme, si méprisé par les esprits superficiels, offre une maîtresse ancre fixe, capable de garantir pour de longs siècles la permanence des éléments essentiels du culte moral, de la foi intellectuelle et du régime pacifique, conditions indispensables à la félicité de l'homme dans la famille et dans la société.

Il offre, plus que les phases spéculatives et quelque peu révolutionnaires de la théologie et de la métaphysique, lesquelles ont brillé et brillent encore dans l'Europe entière, un lest puissant pour maintenir en équilibre la nef de la vie, se balançant sur l'Océan aux ondes agitées, battues par tous les vents et balayées par toutes les tempêtes.

De là, la patience, la sagesse, la mansuétude des sociétés asiatiques, libérées, depuis longtemps, de l'obsession des successeurs de Tamerlan, dont l'Europe éprouvait récemment encore la présence dévastatrice.

Les états psychiques capables d'engendrer des constructions morales durables et solides sont les états fixes, permanents et réels, dont l'un est le Fétichisme, et l'autre le Positivisme, lequel, étant récent dans le domaine de la morale, en appelle, plein de confiance, à l'avenir et à la postérité la plus éloignée.

Les états intermédiaires, de créations provisoires, ont un caractère relativement éphémère, bien que leurs œuvres soient bien souvent séculaires, car les états mentaux correspondants sont flottants et divagateurs. Véritables autophages et nouveaux Saturnes, ils se dévorent eux-mêmes et dévorent leurs propres enfants.

De là, la grande stabilité et la supériorité relative de la morale fétichique de l'Asie sur la morale fluctuante de l'Europe.

Ces vastes agglomérations humaines, ces masses populaires, d'une industrie extrêmement active et profondément pacifique, ne sont pas dominées par l'orgueil matériel et intellectuel, état douloureux et plein de dangers auquel elles ne sont jamais parvenues.

Car cette maladie de l'esprit naquit avec le polythéisme, contemporain de la formation des facultés abstraites, se développa graduellement pour arriver à son apogée, à sa période suraiguë, sous la métaphysique, instrument d'extravagance et de ruine qui, lorsqu'il domine sans conteste, répand partout l'erreur, la douleur, le deuil et les ruines.

Vous avez fait, Monsieur l'Ambassadeur, une

observation profonde et judicieuse, lorsque vous avez montré aux représentants de tout l'Occident, dans votre dernier et très éloquent discours, les graves périls de l'attitude de la Conférence de La Haye, proclamant que la suprématie internatio-nale appartenait à la force.

Si le geste des grandes puissances d'Occident, contre lequel vous avez protesté avec tant d'élo-quence et de pénétrante intuition humaine, réus-sissait à modifier la pacifique activité chinoise et à rendre barbares ces admirables populations, calmes, tranquilles, laborieuses et patientes, l'Europe et tout l'Occident payeraient bien cher leur imprévoyance intellectuelle et leur relative infériorité morale.

Donc, Messieurs, félicitons l'Ambassadeur bré-silien à la Conférence de La Haye pour avoir signalé à l'Occident entier le péril d'une œuvre inspirée par l'orgueil, sans l'assistance de la morale.

*
* *

Il ne fallait pas autre chose, Monsieur l'Am-bassadeur pour rendre mémorable votre présence à la Conférence internationale de La Haye.

Proclamer les dangers de la force orgueilleuse dans une assemblée où figuraient les personnifications de l'orgueil et de la force, a été une œuvre de haute morale qui illustre votre nom et notre pays, lequel voit traduits avec tant de fidélité son noble idéal social et ses sentiments pacifiques et humains.

Honneur donc à l'Ambassadeur du Brésil qui a su venger la morale abandonnée et a cherché à lui donner la position qui, de droit, lui appartient à la tête de toutes les manifestations de la vie humaine, que ce soient des spéculations purement intellectuelles ou des travaux actifs et pratiques.

La morale est la force féconde, radieuse et immortelle qui donne la vie, la lumière et la douceur aux œuvres humaines.

C'est elle qui ennoblit les méditations solitaires, les plus hautes opérations de l'esprit, lesquelles se stérilisent et se fanent lorsqu'elles n'ont pas leur source dans les inspirations de la sympathie, et leur destination finale dans le bien humain.

C'est la morale qui fait durer, à travers les siècles, les gigantesques constructions théologiques que des erreurs de dogmes intellectuels, provenant de la sombre ignorance des âges anciens, semblaient vouer à une disparition rapide.

C'est la morale qui vivifie les choses de la matière et fait la grandeur de la religion fétichiste initiale, qui donne une âme aux plantes qui nous nourrissent, à l'arbre qui nous protège, à la pierre qui nous donne le feu, à l'eau qui étanche notre soif.

C'est elle, la morale, qui nous rend chère la terre sur laquelle nous sommes venus au monde, sur laquelle nos yeux se sont ouverts à la lumière claire et bienfaisante du soleil.

C'est la morale qui sanctifie et lie d'une manière durable les fibres les plus intimes de notre cœur à l'angélique créature qui nous a ouvert les yeux avec amour et nous a révélé, en de doux entretiens, les premiers mystères de la vie et la pureté de l'amour maternel.

C'est la morale qui rend saintes les femmes qui adoucissent notre vie et nous accompagnent, patientes et douces, dans les maladies, dans la vieillesse et dans la mort — la mère vénérée, l'épouse et les filles adorables, la véritable Providence de l'homme sur la terre.

C'est la morale qui nous porte, au sein des fastueuses réceptions européennes, chez les souverains et les chefs d'État, en des palais ornés de tous les luxes, à regarder avec les yeux de l'âme, plein de respect et du regret de l'absence, du côté de l'humble et pauvre toit des campagnes du Brésil, où les premiers pas de notre vie ont été guidés par d'obscurs mais vertueux parents dont les ombres vénérables président aujourd'hui encore à tous les nobles combats de notre existence journalière.

C'est la morale qui grandit à nos yeux notre Patrie absente, lorsque nous la voyons troublée par l'ambition effrénée de quelques-uns de ses enfants, ou lorsque nous la savons menacée par l'irrespectueuse convoitise étrangère.

C'est la morale qui nous donne de la force pour l'aimer et la défendre, en toutes circonstances et contre tous, trouvant des délices même dans les douleurs du combat, prêts à l'échec et à la mort, car dans une cause noble, la chute même est noble.

C'est la morale qui, agrandissant la scène de la vie, ennoblissant nos fonctions et sanctifiant nos devoirs, donne à l'homme, soutenu par elle, la force de résister efficacement aux attaques de la calomnie, aux insinuations de la

bassesse, à l'ingratitude des lâches et à la malveil-
lance systématique des sots, dépourvus de raison
et de dignité, injustes et inconscients, qui
cherchent inutilement à frapper par derrière, au
milieu des plus glorieux combats, les plus braves
défenseurs de la cause et du sol sacré de la Patrie.

Vous avez rendu un grand service, Monsieur
l'Ambassadeur, en apportant un public hommage
à la morale, source de toute chaleur, de toute
douceur, de toute sympathie et de toute dignité
dans la vie privée et dans la vie des peuples.

*
* *

Au sein d'une conférence riche en nobles per-
sonnalités, je suis certain que vous avez trouvé
quelques beaux types représentatifs de la plus
haute culture de notre Occident, surtout de la
France et de la Suisse, pays qui brillent parmi
les plus avancés dans l'évolution intellectuelle et
morale de l'Europe.

De la morale suisse, on peut dire que, par les
efforts continus et répétés de sa forte population,
elle est arrivée à être haute et pure comme sa
belle et imposante montagne de la Jungfrau,

inaccessible encore il y a peu de temps, cime vierge, en pleine lumière, comme dit le poète des *Orientales*.

De la France, il suffit de dire que, sous le Cabinet Waldeck-Rousseau, elle a restitué, de Marseille en Chine, les dépouilles guerrières et les richissimes trophées que ses militaires avaient rapportés d'Extrême-Orient aux plages de la mer Méditerranée.

Bel exemple, Monsieur l'Ambassadeur, de l'intervention de la morale dans les choses de la guerre et de la politique, et, si vous le permettez, j'enverrai d'ici une respectueuse salutation à la grande mémoire de l'éminent homme d'État qui sacrifia sa santé et sa vie à la défense de la justice et de la morale et ne descendit au tombeau qu'après avoir grandement honoré la France et la troisième République.

Parmi les hommes que vous avez côtoyés à la Conférence de La Haye, les deux éminents délégués français, Léon Bourgeois et d'Estournelles de Constant, esprits ouverts à toutes les notions du droit et cœurs assoiffés de haute justice sociale et internationale, doivent avoir mérité votre sympathie et votre estime.

Eux et d'autres, surtout les vaillants Portugais
que vous y avez rencontrés, sont les héritiers,
comme nous, de l'intelligence hellénique, apte
aux plus belles spéculations et aux plus vastes
abstractions, mais toutefois dangereux instrument de divagations infinies, lorsqu'elle s'isole
de la méthode positive qui la met en contact
avec la réalité extérieure, aliment, stimulant et
correctif de toutes les opérations variées de l'en-
tendement humain.

Ce sont les représentants et les serviteurs de
la glorieuse civilisation gréco-latine, laquelle
engendra l'abstraction par le polythéisme et vit
croître l'intelligence créatrice et classificatrice
des sciences abstraites.

La beauté de cette civilisation est immense et
sa séduction irrésistible, mais il faut avouer que,
mettant presque exclusivement en œuvre les ins-
truments d'intelligence et d'action, elle a laissé
dans un abandon relatif les organes du sentiment, siège de la morale.

Elle dépassa ainsi l'Asie en intelligence et en
énergie conquérante, mais elle laissa à cette
dernière la primauté en morale, douceur, force
et charme de la vie, ce qui rend invincibles

les hommes et les nations qui la possèdent.

Tâchons d'établir l'équilibre, Monsieur l'Ambassadeur, au bénéfice de notre Patrie, en appliquant à la jeune Amérique, réunies en un ensemble harmonieux, les facultés intellectuelles et les forces actives de l'Occident, sous la noble présidence de la très fine morale asiatique, améliorée, agrandie et systématisée de Moïse à Auguste Comte, de la théocratie initiale jusqu'à la religion humaine, altruiste, positive et finale.

Il y a lieu de rappeler ici que ce fut par l'intermédiaire d'une grande et majestueuse figure asiatique, celle de saint Paul, que nous vint, par la rive de l'Asie Mineure baignée par la mer Méditerranée, la féconde semence qui engendra la grande école du Catholicisme qui fut, de longs siècles durant, l'unique dispensatrice de la morale aux peuples de ce continent.

Ne perdons pas courage, Monsieur l'Ambassadeur, en présence de la différence de niveau entre l'Asie, l'Europe et l'Amérique, entre la vieille aïeule aux cheveux blancs, dont le chef vénérable renferme la plus grande somme d'expérience humaine, l'Europe, la fille puissante et belle, riche et noble, en pleine phase féconde d'expérience, de richesse et de savoir, et finalement, la petite-fille juvénile, pleine de vigueur et de feu, la jeune Amérique, ayant une sève des plus robustes, menaçant, par son rapide développement, de briser les moules normaux de l'histoire de l'évolution des sociétés politiques sur la terre.

Ainsi que vous l'avez justement dit, en une de ces phrases qui font la gloire de Shakespeare et le désespoir de ses imitateurs, l'avenir envahit le présent et, en peu d'années, transforme en nations fortes les nationalités à peine écloses.

En effet, l'Amérique menace de peser dans la balance du monde avec une rapidité effrayante pour tous et pour nous-mêmes, attendu que la responsabilité morale croît avec la fonction sociale et avec l'influence internationale.

Il est donc nécessaire qu'au dédoublement de nos forces physiques et au développement de nos richesses matérielles, réponde un accroissement proportionnel du patrimoine fécond de la morale, afin que l'ultime et la plus noble des sciences exerce toujours sa généreuse suprématie dans le vaste champ de l'activité humaine en Amérique.

Nous n'avons pas de raison de désespérer, Messieurs, dans la grande tâche qui s'impose à nous.

Au groupe, déjà riche, d'hommes remarquables qui travaillent au Brésil pour le triomphe de la justice, pour la victoire du droit, pour l'institution du devoir, pour l'établissement de l'ordre normal, toujours présidé par la morale, va se joindre de nouveau, plein de courage et avec des forces refaites, le vaillant paladin dont les campagnes en faveur de notre civilisation viennent de loin puisqu'elles datent de sa première jeunesse.

Aux lauriers déjà acquis en des luttes antérieures, il ajoutera ceux qu'il vient de conquérir à La Haye, donnant tant d'éclat au nom du Brésil.

D'après le peu que nous connaissons des travaux de la Conférence, nous savons que vous avez cherché à y faire triompher les principes les plus libéraux et les plus adéquats à la dignité des nationalités qui ne veulent baser leur vie et leur gloire que sur les solides fondations de la morale sociale, évitant les conflits barbares qui ont caractérisé les phases antérieures de l'histoire de l'humanité.

Cette manière de procéder, cette règle de conduite donne un grand éclat et fait honneur au Brésil et à son Ambassadeur au Congrès de la Paix.

Si votre attitude a pu déplaire, heurter des habitudes d'orgueil et des préjugés destinés à disparaître, elle a provoqué, d'un autre côté, l'applaudissement sincère d'éminents juristes et de notables écrivains qui, de divers points de l'Europe, surtout de la France et de la Suisse, approuvent le valeureux effort doctrinal de l'éminent Ambassadeur du Brésil.

Telle est la force de la vérité, tel est le prestige des causes bonnes et sympathiques, servies par des ouvriers de mérite réel que, dans les derniers temps de la Conférence de La Haye, ses propres adversaires entouraient d'estime l'Ambassadeur brésilien, reconnaissant ses nobles efforts en faveur de la justice et de la morale au sein du grand Congrès.

C'est la conquête opérée par l'effort tenace d'une belle intelligence, réchauffée par le feu du plus haut patriotisme.

Heureux l'homme qui peut combattre les abus de la force et les étroits préjugés internationaux ou intercontinentaux, élevant des autels à la famille et à la Patrie, rendant en même temps, un hommage et un culte à l'humanité.

Heureux ceux qui peuvent, revenant au sol aimé du pays natal, enseigner le respect de la loi, l'amour de l'ordre et tous les bienfaits de l'obéissance et de l'humilité, conditions essentielles du perfectionnement humain.

Heureux ceux qui peuvent enseigner que mieux vaut maintenir l'ordre social avec un gouvernement constitué et normal que d'agiter perpétuellement la société en provoquant des convulsions stériles, passionnées, nocives.

Heureux ceux qui peuvent donner partout, et avec plus d'amour sur le sol sacré de la Patrie, l'enseignement de tout ce qui est réel, utile, certain, *précis*, organique, relatif et sympathique.

Telle est la fonction du combattant illustre et généreux qui, ayant dépensé sans compter ses efforts pour le bien de notre pays, retourne dans son sein pour y répandre un nouvel enseignement au profit de la justice et de la paix.

Aucune patrie ne mérite plus d'effort, plus d'amour, plus de dévouement et de sacrifice de la part de ses enfants que la patrie brésilienne qui fut toujours pour nous aimante et douce.

Modeste, mais toujours bonne et noble dans son passé, calme, pacifique, laborieuse et digne dans le présent, soutien de la paix et de la morale dans l'avenir, toujours grande, belle et généreuse, notre terre brésilienne mérite que pour elle nous sacrifiions la force de nos bras, la lumière de nos yeux, l'éclat de notre intelligence et les vibrations de notre cœur.

C'est en témoignage des services rendus à notre Patrie par son Ambassadeur à la Conférence de la Paix et comme un gage des espérances qu'ils fondent sur lui, dans la prévision des campagnes pacifiques qui exaltent les plus nobles facultés humaines, que nos compatriotes, ici réunis, viennent vous offrir, par mon très humble intermédiaire, une modeste plaque commémorative et une petite statue que l'un des plus beaux talents de la sculpture française a consacrée au génie ailé de la Renommée.

Les souscripteurs de ce délicat travail artistique ont l'espoir que le génie symbolisé en ce chef-d'œuvre de Barrias vous rappellera, à jamais, les moments pendant lesquels vous nous

avez honorés ici de votre présence et laissera
pour toujours à votre épouse estimée, à vos
dignes enfants et à vos bien-aimés petits-
fils, le souvenir de l'un des plus grands serviteurs du Brésil, qui aura toujours placé, je l'es-
père, au-dessus de tout, la grandeur morale, la
gloire et le bien de notre Patrie.

Pour eux, pour les souscripteurs de ce modeste
souvenir patriotique, il signifie cela et plus
encore : le bronze dont est faite la statue de la
Renommée symbolise la foi profonde que nous
avons tous en la perpétuité de notre Patrie, dont
la grandeur dépend du concours harmonieux,
dévoué et généreux de tous ses enfants ; il
symbolise la foi invincible que nous plaçons en
sa mission future de servir l'humanité par des
intelligences intégralement éclairées et des
caractères vigoureux, sous l'éternelle inspiration
et la suprématie dl ea morale.